AF315112

VOYAGE

DE
PARIS A METZ,

ADRESSÉ

A M. BERNARD,

Par M. Du Croisi.

Grace, grace, mon cher Censeur,
Je m'exécute, & livre à ta main vengeresse
Mes Vers, ma Prose & mon brevet d'Auteur;
Je puis fort bien vivre heureux sans lecteur.

(*DORAT.*)

A AMSTERDAM.

Se trouve A METZ,

Chez LAMORT, Imprimeur, en Fournirue.

M. DCC. LXXXVI.

VOYAGE

DE

PARIS A METZ.

Metz, le 11 Mai 1786.

O! des Amis le plus féal,
Et des mortels le plus sincere,
Vous, dont l'Amitié m'est si chere,
A donc vous aurez mon Journal :
Ami, vous le lirez ; & je vais, de ma dextre,
Vous tracer le récit de ma Route pédestre.

Jusqu'ici, ceux qui ont écrit leurs voyages, ont toujours été grand train dans de bonnes voitures ; moi, par une raison contraire, j'ai été un peu plus long : mais, en revanche, je

vais tâcher d'être plus court dans ma narration, non que j'aye là folle vanité de prétendre égaler même le plus médiocre narrateur.

Vous connaiſſez, mon cher *Bernard*, le motif qui m'a fait quitter une Ville où je goûtais tant de délices ; vous n'ignorez pas non plus qu'un ſentiment bien cher à mon cœur, la Reconnaiſſance, m'a tout fait ſacrifier pour me livrer au ſeul penchant d'être utile, une fois en ma vie, à l'honnête homme qui m'a rendu tant de ſervices, à M. *Pillerault*, enfin, que vous auriez reconnu facilement, quand je ne vous l'aurais pas nommé.

Vous ſaurez donc auſſi que je me mis en route, le Samedi 29 Avril, après avoir abondamment répandu, dans le ſein de nos amis communs, Gautier & Vaudremer, les larmes qu'un ſentiment délicieux m'arrachait.

Je m'archai, tout penſif, de *Paris* juſqu'à *Meaux*, où j'arrivai ſans preſque m'en douter, ſur les cinq heures du ſoir. J'entrai, machinalement, dans l'Auberge où deſcendent les Meſſageries ; je me jetai ſur un lit :

J'y dormis longuement ; mais, grace au Couſin Jacques,
Dont, en chemin faiſant, je lus les *Oeufs de Pâques.*

Le Caraba de Straſbourg arriva deux heures après moi. On me demanda ſi je voulais
manger avec les Voyageurs : *Volontiers,* ré-
pondis-je. On m'introduiſit dans leur cham-
bre, & voici de quels Perſonnages la voiture
était compoſée ; d'abord,

D'un enfant, dans *Neuſtrie*, Officier volontaire,
Qui, d'après *Sabatier*, voulait juger *Voltaire :*
Hélas ! le malheureux, il l'avoua tout net,
Il n'avait feulement jamais lu *Mahomet.*

Quatre femmes, dont deux de celles qui
ſe trouvent par-tout, embelliſſaient le Cor-
tege ; un Maître-d'Hôtel ; un Receveur des
Domaines du Poitou, qui allait à Nancy ; un
honnête Menuiſier de Toul, qui arrivait de
la Chine :

Et le neuvieme était Mouſquetaire à genoux.

Il venait de Pondichery. Au demeurant,
ils étaient tous fort honnêtes, & d'aſſez bonne
ſociété pour un voyage.

(*Dim. 30.*) Un Muſicien Mayençois,
dont la femme était dans la voiture, ſuivait à

pied. Il a été mon Compagnon de route juſqu'à Verdun, où nous nous ſommes quittés.

N'attendez pas, mon cher *Bernard*, que
je vous faſſe de magnifiques deſcriptions des
endroits que j'ai vus. Je ne vous en dirai que
quelques mots ; mais, je ne paſſerai pas ſous
ſilence qu'avant d'arriver à la Ferté-ſous-
Jouarre, en traverſant un Village, une très-
jolie Payſanne me tira de ma rêverie, en me
diſant :

Voulez-vous boire un coup, en attendant la Meſſe ?
Ce Vers aſſez ſonore, & rempli de juſteſſe,
    A mon oreille plut beaucoup ;
    Sur le champ j'entrai chez l'Hôteſſe,
    Où, pour rimer, je bus un coup.

J'y reſtai peu de tems ; j'en ſortis, mais
toujours occupé. Cependant, mon Compagnon me fit admirer les environs de la Ferté.
La campagne me faiſait renaître, &, pour un
moment, ſuſpendait mon chagrin. Ces environs préſentent un coup-d'œil véritablement
aſſez rare & fort impoſant. Chaque côté de la
riviere offre une perſpective riante ; elle eſt
remplie d'arbres fruitiers tout en fleurs. Mais

la vue de tant de belles chofes ne fervit qu'à redoubler ma mélancolie, & je chantonnais tout bas ce couplet,

fur l'air : *Réſiſte-moi belle Aſpaſie :*

Qu'un autre cherche ce rivage :
Ah ! je crois qu'il peut le tenter ;   *bis.*
Des oifeaux qu'il entend chanter
Qu'il vante encor le doux ramage ;
Dans fes vers, qu'il préfere auſſi ;
L'air de la Campagne à la Ville :
Sans doute, on peut penfer ainfi,
Quand on n'a point vu *Barjonville.*   *bis.*

Je marchais fort vîte, malgré la violence du vent qui me donnait dans le vifage. Arrivé aux Portes de *Château-Thierry,* je rencontrai un homme de près de quatre-vingts ans, honnêtement ivre. Il ne ceſſa de me perfécuter en me voulant mener fouper chez lui. Dans un autre tems, une pareille rencontre m'aurait fort amufé, & aſſurément j'y aurais été. Mais, fa perfévérance m'importunait, & en voyant la Patrie du bon *Jean Lafontaine,* je m'écriai :

O toi, dont les écrits, en charmant mon ennui,

Apportent un remede à mes douleurs fecrettes ;
Toi donc, qui fis jadis fi bien parler les *bêtes*,
 Pour mon repos, fais les taire aujourd'hui.

Je quittai brufquement mon homme, &
je me fauvai à la *Syrene*, pour y attendre la
voiture, ou plutôt les Voyageurs que j'avais
dévancés de deux lieues. Je vous obferverai,
mon cher *Bernard*, qu'il faut la croix & la
banniere pour être fervi à la *Syrene*, dont un
M. *Levaffeur* eft l'Hôtellier.

(1ᵉʳ. *Mai.*) Le lendemain, qui était lun-
di, accompagné de mon Muficien Allemand,
je me mis en route : je traverfai la *Galveffe*.
C'eft un petit pays entre la Brie & la Cham-
pagne. On n'y voyage pas facilement en voiture ; les hommes de pied y vont plus vîte
que la Pofte. La vue d'un pays auffi fertile,
couvert d'arbres fruitiers mal entretenus, &
de terres incultes, me fit dire :

Il me paraît que la noble parefe
Eft la vertu de Meffieurs de *Galveffe.*

Effectivement fes pareffeux Habitans laif-
fent l'eau féjourner dans les fillons de bled,

fur le haut d'une Montagne, dont une demi-
heure de marche fuffit à peine pour atteindre
le fommet. Un coup de pioche, au bout de
chaque fillon, eſt tout ce qu'il faut pour l'é-
coulement de ces eaux, qui pourriffent la tige
du bled. J'en fis la remarque à un Payfan, qui
en convint : mais, me dit-il, on ne faurait
penfer à tout.

Notre Compagnie nous rejoignit à *Dor-
mans*, où il y avait une foire, mais feulement
pour les porcs. Et, comme nous eûmes plutôt
dîné que les chevaux, les Dames voulurent
danfer ; on ne les refufa point, & le Juge de
Voltaire, à défaut de violon, chanta toutes
les nouvelles contredanfes, avec autant de
goût qu'un *Ménétrier* de la Courtille, qui râcle
des pots-pourris le Dimanche, pour faire
danfer les blanchiffeufes de la Capitale. Pour
moi, j'écoutais & regardais triftement ; je n'a-
vais envie ni de chanter, ni de danfer, quoi-
que les Convives fuffent fort engageantes.

Nous fûmes coucher à Epernay ; ce fut-là
que trois Dames nous quitterent. Elles étaient

de la compagnie de M. le Maître-d'Hôtel qui
allait se marier à *Mareuil-sur-Aï*. Chacun lui
fit son adieu & son compliment. Voici le
mien :

> Adieu, mon cher Monsieur *Vicquaire :*
> Vous paraissez fort convoiteux,
> Et pressé de finir l'affaire.
> Mais, soyez époux débonnaire ;
> Dans votre corps, déja nombreux,
> Un mari doit savoir se taire.
> Pourtant, sans l'aveu d'un Vicaire,
> J'ai su par fois me rendre heureux.
> Mais, vous, le sacrement vous tente :
> Adieu donc, Monsieur l'amoureux,
> Que le sacrement vous contente.

Néanmoins, je m'apperçus que l'absence
de ces Dames faisait un vuide ; on tâcha de
s'en consoler, en demandant un petit *Subré-
cot* de vin. Celui d'*Aï* fit son effet, & je vis le
moment qu'on allait danser après souper.

(2 *Mai.*) Le lendemain, Mardi, nous
partîmes, & l'*Apothicaire*, qui approchait de
chez lui, fut des nôtres toute la matinée ; il
nous fit remarquer, à droite, entre *Plivaux*
& *Jâlons*, le reste d'un vieux mur du Château

de *Monthémet,* qu'occupait la *Reine blanche.*
C'eſt delà, que tous les ſoirs, nous dit ce bon
Champenois :

C'eſt delà, qu'au moyen d'un fanal allumé,
Cette Reine, autrefois, dit la chronique ancienne,
  Saluait une autre beauté,
  Parente de ſa Majeſté,
  Et qui réſidait à Brienne.

Mais, ajouta-t-il, ce ne pouvait être que
dans les belles nuits, & par un tems bien cal-
me, car il y a dix-ſept lieues de Brienne, à la
Tour de *Monthémet,* que vous voyez-là.

  Nous déjeûnâmes à *Jâlons,*
  Et nous partîmes pour *Châlons.*

J'y arrivai à midi, & j'en repartis à quatre
heures. Ce fut en cette Ville que je quittai
toute la compagnie, excepté le Muſicien. Mais
nous manquâmes de faire un *Qui-pro-quo.*
Je demandai le chemin à un vieil imbécile de
Procureur, qui me parut avoir largement bu
& dîné de même, & croyant apparemment
qu'on agiſſait en route comme en procédure,
c'eſt-à-dire, qu'on devait prendre le plus long

pour arriver au but, au-lieu de nous montrer le chemin de *Verdun*, il nous indiqua celui de *Nancy*, ce qui m'aurait induit en faux-frais d'une dixaine de lieues. Heureusement, qu'au bout d'une demi-heure, nous rencontrâmes un Voiturier qui nous remit dans la bonne voie ; mais, il fallut rétrograder, & repasser devant *Châlons*, que j'apostrophai ainsi, dans ma juste colere :

Tes gothiques maisons, en vieux bois construites,
Renferment plus de Sots que *Barbin* (*) de Truites.

Je remarquai, à deux lieues de cette Ville, l'Eglise de Notre-Dame de l'Epine, qui, autant que je puis m'y connaître, est un chef-d'œuvre d'Architecture. Le dedans est encore plus beau que les dehors. Cependant la Paroisse n'est pas composée de plus de soixante Maisons. Je racontai, en soupant au Tilloy, mon aventure de *Châlons*, dont j'étais éloigné alors de quatre lieues. Oh ! me

____

(*) Petite Rivière auprès de *Nantes* en Bretagne.

dit Madame *Mathieu*, Maîtreſſe de la maiſon, vous n'êtes pas le ſeul à qui cela ſoit arrivé. Une Dame de *Straſbourg*, qui, la ſemaine derniere, venait à *Rheims*, changea de chevaux de Poſte à *Châlons* ; elle y était venue par Nancy : eh bien! croiriez-vous, Monſieur, qu'on l'a amenée ici, & que, ſans moi, elle aurait été plus loin ; & qu'au-lieu de huit lieues qu'elle perdait, elle en aurait peut-être fait une quarantaine ? Alors, je bénis mon ſort de n'avoir perdu qu'une heure.

(*Mercredi* 3.) Le Lendemain, toujours avec mon Allemand, je fus dîner aux *Iſlets*, petit Village entre *Ste. Menehould*, (où il y a un Hôtel-de-Ville, fort beau) & *Clermont-en-Argonne*, (aſſez vilaine petite Ville). Je remarquai aux *Iſlets* une *Fayancerie* & une *Verrerie*, deux établiſſemens conſidérables pour un Village : il eſt ſitué entre deux montagnes. Lorſque le ſoleil y donne, il y fait prodigieuſement chaud ; mais, auſſi le moindre froid y gêle tout. La Cabaretiere me dit que les arbres fruitiers, tels que les *Pommiers, Poi-*

riers, Cerifiers, &c., dont les environs font chargés, avaient été tous gêlés la nuit précédente : *Mais,* ajouta-t-elle, *C'eft Dieu qui le veut ; il nous afflige quand nous le méritons, &, fans aucun murmure, nous nous foumettons à fa volonté.* Je fus ravi de lui trouver autant de religion dans un fiecle où on la fuit fi peu. Cependant, avec fon air de componction, cela ne l'empêcha point de me demander, pour un très-mauvais repas, le triple de ce que j'aurais payé pour un excellent, & dans une grande Ville. Alors, mon Allemand, qui n'avait pas voulu dîner, & qui m'avait vu faire des notes dans tous les endroits où nous avions paffé, me frappa fur l'épaule, en me difant : *Monfié, pon à écrire dans la Chournaal.* Cette faillie germanique me fit fourire, & ce fut pour la premiere fois depuis mon départ de Paris.

(*Jeudi 4 Mai.*) Arrivés à *Verdun* à huit heures & demie, il nous fut impoffible d'entrer en Ville ; la retraite était battue, &, par conféquent, les Portes fermées. Nous avions fait treize lieues, & nous étions très-fatigués : nous couchâmes au Fauxbourg de Glorieux, chez le Sr. *Sanssouci*. Je remarquai le lendemain, (alors j'étais seul, l'Allemand était parti pour sa destination par un autre chemin) : je remarquai, dis-je, en traversant Verdun, que cette Ville est très-mal pavée, soit dit ici sans offenser personne.

Tout ce que j'avais éprouvé de maux jusques-là, dans ma route, sur-tout l'ayant faite à pied (craignant le cahotement des voitures), ne m'avait affecté que faiblement ; mais un spectacle déchirant m'attendait à *Etain*, petite Ville assez agréable à trois lieues de *Verdun*, & neuf de Metz.

Le hasard me fit entrer dans une Auberge, dont la Maîtresse était morte depuis deux mois. J'eus la douleur de voir son Mari, déja vieux, plongé dans la plus vive affliction ; pleurant encore, & appellant à grands cris son épouse adorée, tantôt dans la rue, tantôt dans sa maison ; il avoit l'air d'un homme qui a totalement perdu la tête. Voyant des larmes couler

de mes yeux, il s'approcha de moi, il me
faifit la main, & me conta fes chagrins. Je le
confolai comme je pus. Je vous avouerai fran-
chement que, quelque preffé que je fuffe d'arriver, fi j'avais été fûr d'alléger fes peines, en
lui facrifiant le refte de ma journée, je l'aurais
fait avec plaifir. Je fortis de chez lui fingulié-
rement affligé.

Et je me dis alors, le cœur tout en émoi :
Il eft donc des mortels plus à plaindre que moi !
O! malheureux *Baudier* (*), de ta femme chérie,
Le fouvenir fatal va t'arracher la vie.

La pluie m'ayant retardé, je couchai à
Doncourt à quatre lieues de *Metz* ; j'y fus très-
bien chez une Madame *Leclerc*.

(*Vendredi 5 Mai.*) J'arrivai le lendemain
à *Metz*, à neuf heures du matin. A une lieue
avant d'y entrer, j'admirai la maniere tout-à-
fait ingénieufe, dont on s'y eft pris pour adou-
cir la pente très-rapide d'une Montagne fort
élevée. Au-lieu de la trancher de plus d'une

(*) C'eft le nom de cet homme, dont l'exemple ne fera fûre-
ment pas contagieux.

lieue, on a imaginé de faire un chemin replié fur lui-même, pofitivement comme la queue d'un Serpent. Par ce moyen, les voitures defcendent très-bien & fort commodément.

Je ne puis encore vous rien dire de la ville de *Metz-la-Pucelle*, ainfi nommée, parce que fes ennemis n'ont jamais pu la prendre. Elle fe défendit vigoureufement en 1552, contre l'Empéreur *Charles V*. La defcription de cette Ville eft au-deffus de mes forces, du moins pour le peu que j'en ai parcouru : je pourrai revenir quelque jour fur cet article. Seulement, je vis Dimanche dernier défiler la Parade. C'eft une chófe très-belle, fur-tout dans une forte Place comme *Metz*. Mais, je m'apperçois que j'outre-paffe les bornes que je me fuis prefcriptes. Je finis, en vous embraffant du plus profond de mon cœur.

Adieu donc. Déformais, fi je puis vous écrire
Tout uniment, en *Profe*, il faudra m'exprimer ;
Il n'eft pas, entre nous, befoin de vous redire
Que fi je fuis ici, ce n'eft point pour rimer.
Mais, ne plus voir l'adorable *Thémire*
Eft le plus grand des maux pour mon cœur en délire.

Cependant, chaque jour
Je suis comblé de soins, d'une *Amitié* fidelle,
Mais, l'*Amitié* console-t-elle
Des pertes de l'*Amour*?

www.ingramcontent.com/pod-product-compliance
Ingram Content Group UK Ltd.
Pitfield, Milton Keynes, MK11 3LW, UK
UKHW021720130726
13696UKWH00006B/2438